PALOMA BLANCA

Ilustrações: PAULA KRANZ

E SE EU SENTIR...

RAIVA

CB039101

Ciranda
na Escola

Dados Internacionais de Catalogação na Publicação (CIP) de acordo com ISBD

B236r   Barbieri, Paloma Blanca Alves

Raiva / Paloma Blanca Alves Barbieri ; ilustrado por Paula Kranz. — Jandira, SP : Ciranda Cultural, 2021.
32 p. : il. ; 24cm x 24cm. — (E se eu sentir...)

ISBN: 978-65-5500-520-2

1. Literatura infantil. 2. Emoções. 3. Sentimentos. 4. Raiva. I. Kranz, Paula. II. Título. III. Série.

CDD 028.5
CDU 82-93

2020-2538

Elaborado por Vagner Rodolfo da Silva - CR-8/9140

Índice para catálogo sistemático:
1.   Literatura infantil 028.5
2.   Literatura infantil 82-93

Este livro foi impresso em fonte Melon Slices e Metallophile em dezembro de 2023.

Ciranda na Escola é um selo da Ciranda Cultural.

© 2021 Ciranda Cultural Editora e Distribuidora Ltda.
Texto: © Paloma Blanca A. Barbieri
Ilustrações: © Paula Kranz
Revisão: Ana Paula de Deus Uchoa
Produção: Ciranda Cultural

1ª Edição em 2021
9ª Impressão
www.cirandacultural.com.br

As emoções são as cores da alma. São espetaculares e incríveis.
Quando você não sente, o mundo fica opaco e sem cor.
William P. Young

Dedico este livro à minha gigantesca família (em especial, à minha mãe, Creusa), que me proporcionou e ainda proporciona as mais lindas e diferentes emoções!

AO LONGO DO DIA, DESDE A HORA EM QUE ACORDO ATÉ A HORA DE DORMIR, EU SINTO UM TURBILHÃO DE EMOÇÕES:

RAIVA, FELICIDADE, TRISTEZA, MEDO...

E NEM SEMPRE CONSIGO ENTENDÊ-LAS!

A **RAIVA** É UMA EMOÇÃO NEM UM POUCO DIVERTIDA.
SEMPRE QUE ELA APARECE, EU FICO TODO VERMELHO...

... E SEQUER PERCEBO O QUE FALO OU FAÇO QUANDO ESSE SENTIMENTO TOMA CONTA DO MEU CORAÇÃO.

ÀS VEZES, EU SINTO RAIVA PELA MANHÃ, AO ACORDAR PARA IR À ESCOLA.

MAS QUANDO OUÇO A MAMÃE ME CHAMAR COM CARINHO, ESSE SENTIMENTO VAI EMBORA.

EM ALGUNS MOMENTOS, EU FICO COM RAIVA SEM PERCEBER. PRINCIPALMENTE QUANDO SINTO VONTADE DE COMER.

NESSAS HORAS, A MAMÃE E O PAPAI PERCEBEM O QUE ESTÁ ACONTECENDO E ME OFERECEM UM LANCHINHO.

COMO NUM PASSE DE MÁGICA, A RAIVA E A FOME... **PUFT**! SOMEM RAPIDINHO!

EU TAMBÉM FICO **BEM** BRAVO SEMPRE QUE AS COISAS NÃO SAEM DO JEITO QUE EU QUERO.

COMO QUANDO EU ESCOLHO BRINCAR DE UMA COISA, MAS MEU AMIGO PREFERE OUTRA.

QUANDO ISSO ACONTECE, A MAMÃE SEMPRE DÁ UM JEITO:

— QUE TAL BRINCAREM DE CADA JOGO UM POUQUINHO?
ASSIM, TODOS FICAM SATISFEITOS!

TEM OUTRA COISA QUE ME DEIXA BASTANTE ZANGADO...
E EU ATÉ FICO PARECENDO UM LEÃO RUGINDO.

É QUANDO TENHO QUE TOMAR BANHO EM DIAS FRIOS, OU NA HORA EM QUE ESTOU BRINCANDO E ME DIVERTINDO.

QUANDO ALGUÉM GRITA COMIGO OU COM ALGUÉM DE QUEM EU GOSTO MUITO, A RAIVA COMEÇA A BROTAR DENTRO DE MIM.

PARECE ATÉ QUE VOU **EXPLODIR**!

ENTÃO, EU RESPIRO BEM FUNDO E CONTO ATÉ TRÊS, OU ATÉ A RAIVA SUMIR.

1...

2...

3...

NÃO!

NÃOOO!

NÃOOOO!

QUANDO A MAMÃE OU O PAPAI FALAM "NÃO" PARA MIM, EU CHORO, GRITO E ESPERNEIO...

... É QUE EU NÃO ENTENDO POR QUE OS ADULTOS FALAM ISSO O TEMPO INTEIRO!

EM UM DIA OU OUTRO, EU SEI QUE A **RAIVA** PODE SURGIR...

... E ESTÁ TUDO BEM!

AFINAL, EU POSSO CONTROLAR ESSE SENTIMENTO E FAZÊ-LO DESAPARECER...

ASSIM!

COMO VOCÊ SE SENTE HOJE?

PREOCUPADO

TRISTE

FELIZ

COM RAIVA

COM MEDO

DE BOM HUMOR

FALE UM POUCO SOBRE O QUE VOCÊ ESTÁ SENTINDO AGORA.

FALANDO SOBRE A RAIVA

Para aprender a lidar com a raiva, primeiro é preciso entender o que a causou. É importante refletir e falar sobre esse sentimento para, em seguida, deixá-lo ir embora. Leia as perguntas a seguir e reflita sobre cada uma delas.

- O que deixa você com raiva? Como você fica ou reage quando está assim?
- O que deixa você com muita raiva? E o que você faz para lidar com isso?
- O que deixa você com muita, muita, muita raiva? E o que você faz para esse sentimento ir embora?
- Quando foi a última vez que você se sentiu zangado? Como lidou com esse sentimento?

Guardar sentimentos negativos, como a raiva, não faz bem para nossa mente e nem para o nosso coração. Sempre que deixamos um sentimento ruim ir embora, nós nos sentimos mais leves, felizes e em paz conosco e com tudo o que acontece à nossa volta. É tão bom se sentir assim! Sempre que a raiva surgir, lembre-se: respire fundo, fale sobre isso e/ou espere ela passar.

CRIANÇAS, ANIMAIS E SENTIMENTOS

Toda criança se sente fascinada pelos animais de estimação, e não é para menos, pois, além de serem queridos, bons amigos e trazerem muita alegria para o lar, eles melhoram a saúde e trazem uma deliciosa sensação de bem-estar.

Conviver com um animal de estimação, seja um gatinho, um cachorro ou um coelho, pode ensinar às crianças valores muito importantes, como paciência, respeito, gentileza, afetividade e responsabilidade.

Sendo os animais seres que não têm nenhum tipo de preconceito ou maldade, as crianças encontram neles a confiança e a autoestima de que precisam para solucionar seus conflitos e, inclusive, lidar com seus próprios sentimentos.

UM RECADO PARA A FAMÍLIA

A descoberta dos sentimentos pode ser um momento surpreendente e difícil para as crianças, principalmente quando eles são negativos. Por isso, a proposta deste livro é mostrar à criança como e quando o sentimento da raiva costuma surgir, e fazê-la entender que sentir esse turbilhão de emoções faz parte da vida e é importante para o seu crescimento.

Nesse processo de descoberta das emoções, a família e os educadores são convidados a enxergar o sentimento da raiva sobre um outro olhar: o da criança! Afinal, para entender suas aflições e frustrações, é preciso, antes de qualquer coisa, colocar-se no lugar dela.

Lidar com alguns sentimentos não é nada fácil, seja para o adulto, seja para a criança. Sendo assim, quanto mais cedo os pequenos entenderem suas emoções e aprenderem a controlar cada uma delas, mais rapidamente eles desenvolverão autonomia e confiança, habilidades essenciais para trilhar essa incrível jornada que todos compartilhamos: a vida!

PALOMA BLANCA nasceu em uma cidade litorânea de São Paulo. Apaixonada pela linguagem, decidiu se formar em Letras e se especializar em Tradução e Ensino. Ela sempre gostou de escrever, desde criança; em suas histórias e poesias costumava falar sobre tudo o que sentia, pois, na escrita, encontrou a oportunidade perfeita para descobrir e compreender seus sentimentos. Escrever este livro foi um verdadeiro presente, que ela quer compartilhar com todas as famílias, especialmente com as crianças, que (assim como ela, em sua infância) desejam aprender a lidar com esse turbilhão de emoções que surge ao longo da vida.

PAULA KRANZ é mãe de duas lindas meninas. Logo que se tornou mãe, diversos sentimentos invadiram seu coração. E teve a oportunidade de transformar todo o medo, a tristeza, a raiva e a imensa felicidade que sentiu em sensações que a fizessem crescer como pessoa. Assim, junto de suas meninas, voltou a viver nesse mundo lúdico da infância. Nos últimos anos, além de brincar de comidinhas, poços de areia e desenhar garatujas, se especializou em livros infantis; e lá se foram diversos livros publicados com os seus desenhos. Cada vez mais está repleta de sonhos e de vontade de mostrar a delicadeza e a leveza da infância, ilustrando a magia, o brilho nos olhos e a forma única de ver o mundo que as crianças compartilham todos os dias conosco.